BEI GRIN MACHT SICH IHR WISSEN BEZAHLT

- Wir veröffentlichen Ihre Hausarbeit, Bachelor- und Masterarbeit

- Ihr eigenes eBook und Buch - weltweit in allen wichtigen Shops

- Verdienen Sie an jedem Verkauf

Jetzt bei www.GRIN.com hochladen und kostenlos publizieren

Sassan Gholiagha

Wohlfahrtsstaaten im 21. Jahrhundert oder "Warum Esping-Andersen nicht (mehr) Recht hat"

GRIN Verlag

Bibliografische Information der Deutschen Nationalbibliothek:

Die Deutsche Bibliothek verzeichnet diese Publikation in der Deutschen National-
bibliografie; detaillierte bibliografische Daten sind im Internet über http://dnb.d-
nb.de/ abrufbar.

Impressum:

Copyright © 2006 GRIN Verlag GmbH
Druck und Bindung: Books on Demand GmbH, Norderstedt Germany
ISBN: 978-3-640-26286-1

Dieses Buch bei GRIN:

http://www.grin.com/de/e-book/65259/wohlfahrtsstaaten-im-21-jahrhundert-oder-
warum-esping-andersen-nicht

Universität Osnabrück   Wintersemester 2005/2006
Fachbereich 01: Sozialwissenschaften

Seminar: Sozialstrukturen gegenwärtiger Gesellschaften II: Soziale Strukturen in der EU I

Wohlfahrtsstaaten im 21. Jahrhundert

Oder:

Warum Esping-Andersen nicht (mehr)Recht hat.

Vorgelegt von:
Sassan Gholiagha

B.A. Social Sciences Major Politikwissenschaften Minor Soziologie
5. Semester

Inhaltsverzeichnis

1.0 Einleitung

In der hier vorgelegten Arbeit soll das Wohlfahrtsstaatsmodell von Esping-Andersen dargestellt und kritisch analysiert werden. Zunächst soll in einem kurzen Abriss der grundlegende
Aufbau von Esping-Andersens Modell dargelegt und mit Hilfe des in der Lehrveranstaltung
erarbeiteten Materials überprüft werden. Im Teil der exemplarischen Länderdarstellungen
wird der Schwerpunkt auf die Bundesrepublik Deutschland gelegt und der unter der Regierung Schröder begonnene Umbau der sozialen Sicherungssysteme genauer dargestellt werden.
Diese Art der Darstellung hat der Autor gewählt, um die Grundlage für die Entwicklung nati-
onalstaatlicher Lösung am Beispiel der Bundesrepublik Deutschland eine Grundlage zu schaffen. Was die beiden anderen Länderbeispiele, Schweden für den sozialdemokratischen Typus
und Großbritannien für den liberalen Typus, betrifft, werden diese nur zum Zwecke der Darstellung des Esping-Andersens-Modells verwendet und nicht im Detail dargestellt, wie dies
im Falle Deutschlands (als Beispiel für den konservativen Typus) vorgenommen wird. Eine
andere Vorgehensweise würde den Rahmen dieser Arbeit sprengen und ist auch für die Fragestellung dieser Arbeit (siehe unten) insofern nicht weiter relevant. In einem Exkurs soll es
dann um Risiken und Chancen von Modellen in der vergleichenden Politikwissenschaft gehen, bevor dann Alternativen für den Wohlfahrtstaat aufgezeigt werden. Dies soll zum einen
anhand einer Skizze für einen gesamteuropäischen Wohlfahrtsstaat, zum anderen anhand na-
tionalstaatlicher Lösungen (wie schon oben erwähnt am Beispiel der BRD) gemacht werden.
Der Schwerpunkt wird hier auf Deutschland gelegt, da der Autor zum einen der Ansicht ist,
dass eine detaillierte Darstellung Deutschlands eine gute Basis für Vergleiche jeglicher Art
mit anderen europäischen und nicht-europäischen Wohlfahrtsstaaten bietet. Zum anderen ar-
beitete sowohl die frühere Regierung Schröder als auch die heutige Große Koalition
(CDU/CSU/SPD) unter Bundeskanzlerin Merkel auf einen Umbau des Deutschen Wohlfahrtsstaates hin zum Sozialstaat im Sinne des Grundgesetztes (Bundeszentrale für politische
Bildung 2004: 59) hin. Somit erscheint eine detaillierte Darstellung aus sozialwissenschaftli-
cher Sicht besonders interessant. Abschließend soll mit in der Perspektive ein Blick in die
Zukunft der europäischen Wohlfahrtsstaaten geworfen werden, die auch unter der Globalisierung und neoliberaler Wirtschaftsausrichtung bei gleichzeitig Volkswirtschaften zu leiden
haben. Im Fazit soll dann noch mal zusammenfassend die Fragestellung dieser Arbeit beantwortet werden, die lautet:

Sind die bisherigen Modelle von Wohlfahrtsstaaten noch richtig, welche Alternativen sind für
Wohlfahrtsstaaten im 21. Jahrhundert möglich und besonders: Welche Reformen und Ansätze
sind für die Bundesrepublik Deutschland möglich?

2.0 Esping-Andersens Modell

In diesem Teil soll sowohl eine kurze Darstellung Esping-Andersens Modell vorgenommen werden, als auch anhand der im Seminar erarbeiteten Inhalte ein Vergleich mit der Realität gezogen werden.

2.1 Klärung grundlegender Begriffe

Zunächst müssen zur adäquaten Befassung mit dem Esping-Andersenschem Modell einmal einige grundlegende Begriff im Zusammenhang mit Wohlfahrtsstaaten geklärt werden.

2.1.1 Wohlfahrtsstaat und Sozialstaat

Beide Begriffe hört man häufig in den tagespolitischen Debatten und auch in der gängigen sozialwissenschaftlichen Literatur finden beide Verwendung. Der Begriff des Wohlfahrtsstaates (engl. *welfare state*) wird für Staaten verwendet, die aktiv die Steuerung wirtschaftlicher und gesellschaftlicher Abläufe eingreifen und einen großen Teil der finanziellen Mittel für sozialpolitische Maßnahmen unter der Zielsetzung verwendet der „[...] Gleichheit der Lebenschancen in den Dimensionen Einkommenssicherung, Gesundheit, Wohnen und Bildung nach[zu]kommen." (Nohlen 2001: 580).

Der Begriff des Sozialstaats (vor allem in der BR Deutschland verwendet) bezeichnet ein Alternativkonzept zu dem umfassenderen Wohlfahrtsstaat, der durch die Begleitung von der Wiege bis zur Bahre gesellschaftliche Freiräume gefährde. (Nohlen 2001: 581). In dieser Arbeit wird der Begriff des Wohlfahrtsstaates verwendet werden.

2.1.2 Dekommodifizierung

Dekommodifizierung wird von Esping-Andersen wie folgt beschrieben: „[...], the concept [of decommodification] refers to the degree to which individuals, or families, can uphold socially acceptable standard of living independently of market participation." (Esping-Andersen 1990: 35).

Dieser Index ist von Esping-Andersen auch zur Einteilung der untersuchten Länder verwendet worden:

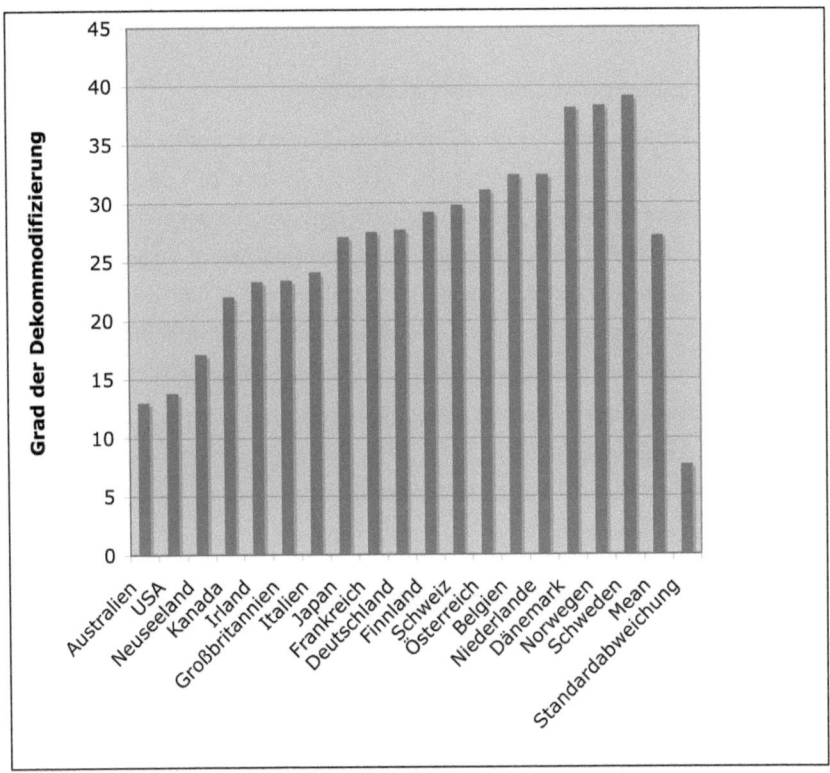

Abbildung 1: Grad der Dekommodifizierung Quelle: Esping-Andersen 1990: 52
(Grafik: S.G.)[1]

---

[1] Eine detaillierte Darstellung des Dekommodifizierungs-Grades und seiner Zusammensetzung findet sich bei Esping-Andersen (Esping-Andersen 1990: 47ff.)

2.2 Kurze Darstellung des Modells

Esping-Andersen schafft in dem Werk: „The Three Worlds of Welfare Capitalism" eine wohlfahrtstaatliche Typologie mit drei Typen, welche nun näher erläutert werden sollen.

2.2.1 Der sozialdemokratische Wohlfahrtsstaat:

Grundlage des sozialdemokratischen Wohlfahrtsstaates ist, dass die zentrale Steuerung durch den Staat und nicht durch den Markt geschieht. Neben der gesetzlichen Verankerung sozialer Bürgerrechte ist auch die soziale Absicherung unabhängig vom ökonomischen Status. Der sozialdemokratische Staat weißt ein hohes Maß an Dekommodifizierung auf und als Kernziel kann die Vollbeschäftigung genannt werden. Als zentrale regulative Idee gilt der Universalismus. Darunter ist zu verstehen, dass „[...] die sozialen Rechte für alle EinwohnerInnen [gelten] und [....] [denjenigen] Einkommenssicherheit [gewähren], die aus irgendwelchen Gründen nicht – oder nicht mehr – arbeiten können." (Lundberg/Armak 2001: 171) Als Vertreter wird hier Schweden genannt.
(Lessenisch 1995: 31-35 und Korthoff: 2005 [unveröffentlicht, Seminarunterlagen nach Lessenich und Esping-Andersen])

2.2.2 Der konservative Wohlfahrtsstaat:

Im Gegensatz zu sozialdemokratischen Wohlfahrtsstaat ist die Grundlage beim konservativen Wohlfahrtsstaat die Subsidiarität, d.h. der Staat soll nur Aufgaben wahrnehmen, die nicht durch untergeordnete Einheiten (Bundesländer, Kommunen, Gemeinden oder Familien) übernommen werden können. (Duden Fremdwörterbuch 2001: 958). Es herrscht ein mittlerer Grad an Dekommodifizierung und die zentrale regulative Idee ist die einer Status-Hierarchie. Wie auch beim sozialdemokratischen Wohlfahrtsstaat haben die Gewerkschaften einen großen Einfluss. Wichtig bei diesem wohlfahrtsstaatlichen Typus sind der soziale Dialog und die Richtlinie des Normalarbeitsverhältnisses. Dieses Modell schafft die Balance zwischen freier Marktwirtschaft und Sozialpolitik. Als Vertreter kann hier Deutschland genannt werden.
(Lessenisch 1995: 31-35 und Korthoff: 2005 [unveröffentlicht, Seminarunterlagen nach Lessenich und Esping-Andersen])

2.2.3 Der liberale Wohlfahrtsstaat:

Der liberale Wohlfahrtstaat weist den geringsten Grad der Dekommodifizierung auf und vertritt das Prinzip der Marktfreiheit und, damit einhergehend, die Eigenverantwortlichkeit der Bürgerinnen und Bürger. Die Aufgabe dieses Wohlfahrtsstaates ist vor allem die Armenfürsorge, der Staat sieht sich hier in der Rolle des Marktaktivierers. Die Arbeitsbeziehungen sind durch Voluntarismus, d.h. der Wille ist hier das Grundprinzip, gekennzeichnet (Duden Fremdwörterbuch 2001: 1040). Nicht überraschen dürfte die Tatsache, dass die Gewerkschaften hier einen sehr niedrigen Einfluss haben. Als Vertreter dieses Modells kann hier Großbritannien genannt werden. (Lessenisch 1995: 31-35 und Korthoff: 2005 [unveröffentlicht, Seminarunterlagen nach Lessenich und Esping-Andersen])

2.2.4 Übersicht der Typologie

Die nachfolgende Tabelle fasst Esping-Andersens Typisierung zusammen:

Regime-Typ	sozialdemokratisch	konservativ	liberal
Vertreter	Schweden	Deutschland	Großbritannien
Sozialpolitisches (*kompensatorisches*) Regime	Modern	institutionell	residual
Zentrale regulative Idee	Universalismus	Status-Hierarchie	Selbstverantwortung
Dominantes Moment im *welfare mix*	Staat	Subsidiarität	Markt
Vorherrschendes System sozialer Sicherung	Versorgung	Versicherung	Fürsorge
Institutionalisierte Gerechtigkeitsvorstellung	*Equality*	*equity*	*adequacy*
Wesentlicher gesellschaftlicher Strukturierungseffekt	Inklusion	Segmentierung	Exklusion

Tabelle 1: Esping-Andersens Typisierung von Wohlfahrtsstaaten; Quelle: Lessenich 1995: 32

2.3 Der Vergleich mit der Realität

Anhand der drei oben genannten Länder als Vertreter der drei Typen soll nun ein Blick auf die wohlfahrtstaatlichen Modelle dieser Länder geworfen werden um zu überprüfen, ob Espings-Andersens Typisierung noch richtig ist bzw. überhaupt korrekt ist.

2.3.1 Schweden - sozialdemokratischer Typus aus dem Bilderbuch?

Durch die Altersrentenreform von 1913 ist auf den ersten Blick zwar das Prinzip des Universalismus in das schwedische Wohlfahrtsmodell eingebettet worden, jedoch haben neuere Forschungen gezeigt, dass die „moralischen Kategorien" und die „Regeln für finanzielle Einschränkungen" nicht eine Gleichbehandlung aller schwedischen Bürger/innen garantieren können. (Lundberg/Amak 2001: 197) Weiter stellen Lundberg und Amark fest:

„Vielmehr werden durch die starren Kategorien Unterschiede zwischen den Geschlechtern, Altersgruppen, Positionen innerhalb der Arbeitsmarkthierarchie, Einkommen usw. geschaffen und aufrecht erhalten" (Lundberg/Amark 2001: 197)

So weicht Esping-Andersens Modell bereits an dieser Stelle auf und es zeigt sich, dass hier wohl keine ausreichend tiefgehende Analyse vorgenommen worden ist.

2.3.2 Deutschland – konservativer Typus durch und durch?

Zwar mag die Bundesrepublik in den Grundzügen noch als konservativer Wohlfahrtsstaat klassifiziert werden, vor allem das Prinzip der Subsidiarität als dominantes Element im „welfare mix" (Föderales System, geteilte Zuständigkeit bei der Versorgung der Arbeitslosenhilfe und –geld EmpfängerInnen zwischen allen föderalen Ebenen, usw.) als auch das Prinzip der Versicherung beim sozialen System (gesetzliche Krankenkassen, Pflichtzahlungen für ArbeitergeberInnen und ArbeitnehmerInnen für Rentenversicherungen, etc.) deuten mehr als klar auf einen konservativen Typus hin, insbesondere zum Zeitpunkt von Esping-Andersens Untersuchung. (Nohlen 2001: 474-746) Doch gerade die Entwicklung der letzten Jahre zeigt auch hier den Trend zum Mischtyp.

Die Agenda 2010

Mit der Agenda 2010 der ehemaligen Bundesregierung unter Gerhard Schröder (SPD) und den so genannten „Hartz" Reformen I – IV (auf die weiter unten eingehender eingegangen wird) versuchte die Regierung Schröder einen umfassenden Umbau der sozialen Sicherungssysteme in der BR Deutschland. Die Agenda 2010 entstand aus dem jahrelangen Anstieg der Langzeitarbeitslosen sowie allen anderen Arbeitslosengruppen. Die dadurch steigenden Kosten und ökonomischen Schäden für die Volkswirtschaft sollen laut Bundesregierung durch die

Agenda eingedämmt werden. Konkret waren die Ziele der Agenda 2010: durch Wachstum und steigende Beschäftigung wieder auf den Weg hin zur Vollbeschäftigung zu kommen, Stabilisierung der Sozialsysteme, Stärkung der Haushalte von Städten und Gemeinden und Entbürokratisierung. (Bundesministerium für Wirtschaft und Arbeit 2004: 10)

Hartz IV

Mit dem Inkrafttreten der Hartz IV Gesetze am 1.1.2005 wurde die so genannte Grundsicherung für Arbeitssuchende eingeführt. Kernpunkt der Reform war die Zusammenlegung von Arbeitslosen- und Sozialhilfe zum Arbeitslosengeld II (ALG II). Erwerbsfähige die Unterstützung benötigen, jedoch keinen Anspruch auf Arbeitslosengeld haben, werden alle nach den gleichen Regeln versorgt. Erwerbstätige, und darunter fallen jetzt eben auch Sozialhilfeempfänger, bekommen nach einer gewissen Frist das ALG II ausgezahlt. Die Höhe vom ALG II wird durch frühere Beitragszahlungen sowie dem früheren Einkommen berechnet. Hartz IV soll nach Wünschen der Bundesregierung mehr Eigenverantwortlichkeit und mehr Engagement bei Arbeitslosen schaffen. Geschehen soll dies durch die Verpflichtung, „zumutbare" (d.h. keine gegen das Gesetz oder die „guten Sitten" verstoßende) Arbeit anzunehmen, ansonsten drohen Kürzungen der Bezüge. Durch „1-Euro-Jobs" soll gerade Langzeitarbeitslosen eine Rückkehr in die Erwerbestätigkeit ermöglicht, und durch das Einstiegsgeld auch die Annahme von niedrig entlohnten Beschäftigungen schmackhaft gemacht werden. (Bundesministerium für Wirtschaft und Arbeit 2004: 33-34) Der genaue Aufbau vom ALG II lässt sich anhand folgender Grafiken darstellen:

	Alleinstehende/r oder Alleinerziehende/r	Sonstige Angehörige der Bedarfsgemeinschaft		
		Kinder bis zur Vollendung des 14. Lebensjahrs jeweils	Kinder bis zu Beginn des 15. bis zur Vollendung des 18. Lebensjahrs Jeweils	Partner ab Beginn des 19. Lebensjahrs jeweils
	100 %	60 % Regelleistung	80 % Regelleistung	90 % Regelleistung
Alte Länder einschließlich Berlin (Ost)	345 €	207 €	276 €	311 €
Neue Länder	331 €	199 €	265 €	298 €

Tabelle 1: Hartz IV - Übersicht; Darstellung: Eigene; Daten: Bundesministerium für Wirtschaft und Arbeit 2004:90

Zusätzlich zu den Regelleistungen kommen noch die Kosten für die Sozialversicherung, die Kosten der Unterkunft (Miete + Heizung) sowie ein befristeter Zuschlag hinzu. Zusätzlich erhalten gewisse Personengruppen (so z.b. Schwangere) eine Mehrbedarfszahlung und für die Erstausstattung bei Wohnungen bzw. bei Schwangerschaft gibt es einmalige Leistungen. Zusätzlich kommen noch die Freibeträge bei Zuverdienst bzw. das Einstiegsgeld hinzu. (Bundesministerium für Wirtschaft und Arbeit 2004: 94)

2.3.3 Großbritannien – liberaler Typus ohne Grenzen?

Das britische System ist bei einer genaueren Betrachtung ein „tribryd" aus allen drei Esping-Andersenschen Typen. Zwar ist das britische Wohlfahrtsstaatsmodell in den Grundzügen liberal geprägt. Doch der *National Health Service* beispielsweise würde jedoch (auch wenn die Qualität zu wünschen übrig lässt) mit seinem Universalitätsanspruch - alle in Großbritannien lebenden Menschen medizinisch zu versorgen – eher dem sozialdemokratischen Typus zuzuordnen sein. Die beitragsorientierten Programme (Grundrente, Arbeitslosengeld, Krankengeld und Invalidenredente) ähneln den Sozialversicherungsmodellen, wie sie zum Beispiel im konservativen Wohlfahrtsstaatsmodell zu finden sind, allerdings mit einigen britischen Besonderheiten (Zum Beispiel, dass ab einer bestimmen Einkommensgrenze - sowohl oben als auch unten- die Beitragspflicht wegfällt, des weiteren sind die Leistungen extrem niedrig.). Nichtsdestotrotz sind diese Programme eher dem konservativen Typus als dem liberalen zuzuordnen. Großbritannien bleibt aber dennoch in Teilen liberal geprägt. Fürsorge, Selbstverantwortung und die Regelung über den Markt finden sich eben auch im britischen Modell. (Scharf 2001: 43 – 61)

3.0 Exkurs: Modelle in der vergleichenden Politikwissenschaft: Risiken und Chancen

Wie gezeigt wurde, bildet Esping-Andersens Modell offensichtlich nur noch unzureichend die wohlfahrtsstaatliche Realität zu Beginn des 21. Jahrhunderts ab Infolgedessen stellt sich berechtigterweise die Frage nach Risiken und Chancen von Modellen in der vergleichenden Politikwissenschaft. Zunächst muss also einmal die Frage beantwortet werden: Warum vergleichen wir überhaupt?

Zunächst einmal ist vergleichen eine menschliche Eigenschaften, die wir tagtäglich zeigen. Vergleichen aus wissenschaftlichen Gründen lässt sich in vier Kategorien einteilen: „*Contextual description* – Wie sind andere Länder?; *Classifications* – Reduzieren die Komplexität des

Untersuchungsgegenstandes; *Hypothesis-testing function* – hilft andere Erklärungen für ein Phänomen auszuschließen und so universellere Theorien zu entwickeln; *Predictions* – die zukünftige Entwicklung der beobachteten Länder; und natürlich geht es auch immer – implizit oder explizit – um den Vergleich mit dem eigenen Land. (Landmann 2003: 4)

Eine wesentlich pragmatischer orientiertere Frage ist: „Kann man vom Ausland lernen?", oder anders formuliert, die Frage: „Was bringt ein Vergleich?" Zum einen versteht man die Sozialpolitik des eigenen Landes besser, des Weiteren werden die Ideen für die Lösung im Zusammenhang mit sozialen Strukturen (um die es hier ja vornehmlich geht) erweitert, da ein Vergleich nachmachendes Lernen möglich macht und in Folge dessen ausländische Lösungen übernommen werden können. (Schmid 1996: 16)

Die Chancen bestehen also aus politikwissenschaftlicher Sicht darin, dass wesentlich mehr eventuelle Defizite wahrgenommen und damit verändert werden kann können. An dieser Stelle sei noch mal daran erinnert, dass Politikwissenschaft auch immer eine normative Wissenschaft ist (Schuon 1986: 15).

In dem gleichem Maße wie sich in einem solchen Vergleich Chancen finden, so finden sich auch Risiken. Zwar mag man durch einen Vergleich auf wohlfahrtsstaatliche Strukturen und Modelle stoßen, die interessant oder gar nachahmenswert erscheinen, welche evtl. sogar einen Lösungsansatz für die Probleme des eigenen Landes aufweisen könnten, doch genau hier liegt das größte Risiko der vergleichenden Politikwissenschaft: Die Möglichkeit des simplen Kopierens des als passend erscheinenden. Auch die so genannte „Doppelgesichtigkeit" (Schmid 1996:17) verweist auf diese Problematik: Der Wohlfahrtsstaatsvergleich ist deshalb interessant, weil in jedem Land die Idee von sozialer Sicherung anders umgesetzt wird. Andererseits wird dann das Herausfiltern einer *„best practice"* (Schmid 1996: 17) eben umso schwieriger.

Bereits in der Einleitung des Kapitals stellt Karl Marx ähnliches fest: „Eine Nation soll und kann von der anderen lernen. Auch wenn eine Gesellschaft dem Naturgesetz ihrer Bewegung auf die Spur gekommen ist, [...] kann sie naturgemäße Entwicklungsphasen weder überspringen noch wegdektieren. Aber sie kann die Geburtswehen abkürzen und mildern." (Schmid 1996: 16-17).

Soviel also im Allgemeinen zu Risiken und Chancen bei der vergleichenden Politikwissenschaft. Doch welche Faktoren kommen hinzu, wenn es um die Verwendung von Modellen zum vergleichen kommt? Zunächst sei an dieser Stelle einmal geklärt, was unter einem Modell zu verstehen ist.

Unter einem Modell versteht man: „im Sprachgebrauch verschiedener Wissenschaften [eine] Darstellung, die einen bestimmten Sachverhalt unter vereinfachten Annahmen konstruiert, um die Analyse zu erleichtern." (Reinhold 2000: 441).

In dieser Standard-Definition für ein Modell wird die oben gestellte Frage im Grunde genommen schon beantwortet. Vergleichen wir Modelle, so vergleichen wir vereinfachte Annahmen. Die Vorteile liegen klar auf der Hand: Komplexe Zusammenhänge können so einfacher miteinander verglichen und in Beziehung zueinander gesetzt werden, doch genau hier liegt auch das größte Risiko. Durch eine zu starke Vereinfachung besteht die Gefahr, am Ende Dinge zu vergleichen die nicht vergleichbar sind.

An einem fiktiven Beispiel, soll dies folgendermaßen demonstriert werden: Land A und Land B haben beide das gleiche Problem im Bereich der Rentenversorgung. Die Rentenkassen sind unterfinanziert und bedürfen großer Mengen zusätzlicher staatlicher Unterstützung. Gehen wird weiter davon aus dieses Problem sei in Land A schon vor 20 Jahre, in Land B aber erst in jüngster Zeit aufgetaucht. Land A hat eine nicht näher definierte Lösung L1 gefunden. Land B ist durch einen Vergleich des eigenen mit dem fremden Modell versucht, Lösung L1 zu kopieren. Doch dies wird mit Sicherheit nicht funktionieren, denn die Lösung in Land A bestand darin, durch eine grundlegende Reform anderer Systeme (vor allem in diesem Fall des Steuersystems) den Menschen die Möglichkeit zu geben, mehr Privatfinanzierung der Rente durchzuführen. In Land B wird dann bei einem oberflächlichen Vergleich, nach dem Motto: „Aber in Land A finanzieren die Leute ihre Rente auch größtenteils privat." Die Umwandlung des Steuersystems um den Menschen mehr finanzielle Mittel zu Verfügung zu stellen, taucht jedoch im Modell „Rentensystem" gar nicht erst auf, ist hier aber der entscheidende Faktor. Genau hier liegt das größte Risiko wenn der Versuch unternommen wird Modelle miteinander zu vergleichen.

4.0 Alternativen für den Wohlfahrtstaat

In diesem Teil der Arbeit sollen Alternativen zu den Wohlfahrtstaaten diskutiert werden, da die heutigen Wohlfahrtsstaaten mit den drei folgende grundlegenden Problemen zu kämpfen haben: Eine Finanzproblematik, institutionellen Defizite und eine Legitimationskrise. Diese drei Probleme sollen zunächst einmal näher erläutert werden.

Zur Finanzproblematik: Schwache Volkswirtschaften und der demografische Wandel sind zwei Faktoren, welche die Finanzierung der bisherigen Wohlfahrtsstaaten erschweren und unter Umständen sogar unmöglich machen wird.

Zu institutionellen Defiziten: Unter diesem Stichwort verbirgt sich die Kritik an der Art und Weise wie sozialstaatliche Leistungen administriert werden. Schlagworte sind Bürokratisierung, Monetarisierung und Verrechtlichung.

Zur Legitimationskrise: Zu hohe sozialstaatliche Ausgaben, so eine in neoliberalen Kreisen verbreitet These, würden Leistungsfähigkeit und Motivation der Empfänger/innen bremsen und seien daher eine Gefahr für die wirtschaftliche Entwicklung. Ein direkter Zusammenhang zwischen erhöhter Sozialquote (also dem Teil der Sozialausgaben am BIP) ist bisher nicht empirisch nachweisbar, treibt den Wohlfahrtsstaat dennoch in eine Legitimationskrise (Schmid 1996: 36 – 37).

Des Weiteren sind durch die zunehmende Globalisierung Probleme hinsichtlich der Beteiligung von Unternehmen am Staatshaushalt (durch Steuern) entstanden. Transnational operierende Unternehmen (so genannte Global Player) können den jeweiligen Steuerforderungen der einzelnen Ländern durch Ausnutzen des Steuerrechts und gut überlegter Standortwahl ausweichen.

Eine Antwort für viele dieser Krisen scheint in einem gesamteuropäisch organisierten Wohlfahrtsstaat zu liegen.

4.1 Ein gesamteuropäischer Wohlfahrtstaat: Grundvoraussetzungen, Finanzierung, Legitimation und Realisierbarkeit.

Vorab muss zum Verständnis geklärt werden, dass mit gesamteuropäisch natürlich ein auf die Europäischen Union (EU) begrenzten Wohlfahrtsstaat gemeint ist.

Was wären also Grundvoraussetzungen für einen gesamteuropäischen Wohlfahrtstaat?

Eine *conditio qua non sine* wäre gesamteuropäisches Sicherungssystem, das unabhängig von Nationalität und Arbeits- oder Wohnort eine grundlegende finanzielle Absicherung in allen Bereich der Sozialsicherung garantiert.[2]

Eine Finanzierung müsste durch eine Erhöhung des Budgets der Europäischen Union von derzeit 862 Milliarden € (www.salzburg.com) für den Zeitraum 2007-2013 geschehen. Zugleich würden ja die nationalstaatlichen Ausgaben für diesen Bereich gegen Null tendieren.

Berechtigerweise stellt sich die Frage nach der Legitimation einer solchen europäisch organisierten sozialen Absicherung. Zwar findet sich bereits im Vertrag zur Gründung der Europäischen Gemeinschaft mehrfach die Gewährleistung der Freizügigkeit der Arbeitnehmer. (EGV §39), gleichzeitig jedoch die Einschränkung in Bezug auf soziale Sicherheit oder sozialen Schutz (EGV §18). Eine Änderung der gesetzlichen Grundlage wäre hier also nötig.

---

[2] Die Bereiche sind: Kranken-, Pflege-, Unfall-, Renten-, und Arbeitslosenversicherung

Dass das oben entworfene Modell zurzeit auf keinen Fall durchsetzbar ist, zeigt sich alleine an der mehr als schwierigen Einigung auf einen finanzielle Vorausschau für 2007 – 2013, die vom Europaparlament in der 1. Lesung abgelehnt wurde. Von der finanziellen Problematik abgesehen würde dies einen dramatischen Souveränitätsverlust für die Nationalstaaten bedeuten, die sich erfahrungsgemäß ja nur sehr schwer durchsetzen lässt. So muss also in absehbarer Zeit zunächst einmal der Fokus auf nationalstaatliche Lösungen gerichtet werden.

4.2 Nationalstaatliche Lösungen am Beispiel der Bundesrepublik Deutschland

Nachdem also klar geworden ist, dass in absehbarer Zeit ein gesamteuropäischer Wohlfahrtsstaat nicht realisierbar ist, stellt sich also die Frage nach den Reformmöglichkeiten für die nationalstaatlichen Wohlfahrtsmodelle. Zunächst sollen äußere Einflüsse am Beispiel der Globalisierung aufgezeigt werden. Dann soll es noch einmal um das oben bereits erwähnte Problem der *„best practice"* gehen um abschließend in diesem Teil Reformen und Reformmöglichkeiten in der Bundesrepublik Deutschland aufzuzeigen.

4.2.1 Äußere Einflüsse: Globalisierung

Die OECD (Organization for Economic Cooperation and Development) definiert Globalisierung als einen „[...] Prozeß, durch den Märkte und Produktionen in verschiedenen Ländern immer mehr voneinander abhängig werden – dank der Dynamik des Handelns mit Gütern und Dienstleistungen und durch die Bewegung von Kapital und Technologie." (von Plate 1999: 3) Anhand dieser Definition wird auch klar, dass „reine" nationalstaatliche Lösungen gar nicht mehr geschaffen werden können, sondern Effekte wie die Globalisierung (die ja direkte Auswirkungen auf die Volkswirtschaft und damit unter anderem auch auf die sozialen Sicherungssysteme und den Arbeitsmarkt haben) mit zu bedenken sind.

4.2.2 Das Problem der „best practice" in der Anwendung

Unter *„best practice"* versteht man: „Vorbildliche Lösungen oder Verfahrensweisen, die zu Spitzenleistungen führen,[...]." (Onlineverwaltungslexikon 2005). Beim vergleichen von Wohlfahrtsstaatlichen Modellen ist es jedoch schwierig eine *„practice"* z.B. für den Aufbau des Rentensystems zu finden. Der Grund hierfür lässt sich in den folgenden drei Faktoren zusammenfassen:

- *„Unterschiedliche partei- und klassenpolitische Kräfteverhältnisse in den europäischen Ländern*

- *Abweichende politische Herausforderungen und Problemlagen und ihre historische Sequenz, was etwa die Bedeutung von Kriegen und Krisen hervorhebt sowie*
- *die Folgen kritischer Entscheidungen und institutioneller Weichenstellungen, die zumeist historisch weiter zurückliegen.*" (Schmid 1996: 24)

Diese Faktoren erklären natürlich auch die Abweichungen zwischen den einzelnen europäischen Nationalstaaten.

Es lässt sich also festhalten, dass sich eine „best practice" im Wohlfahrtsstaatsmodell nur sehr schwer bis gar nicht finden lassen wird. Nur der ständige und detaillierte Vergleich könnte evtl. neue Lösungsansätze aufzeigen. Die Reform vom Wohlfahrtsstaat muss aber immer vor dem Hintergrund gesellschaftlicher, wirtschaftlicher, sozialer und nicht zuletzt politischer Strukturen geschehen (Schmid 1996: 23-27).

4.2.3 Reformen und Reformmöglichkeiten in der Bundesrepublik Deutschland

Welche Reformen wären für eine Umstrukturierung des Deutschen Wohlfahrtsstaates nötig, und welche wären möglich?

Steuersystem

Beginnen müsste man zunächst einmal mit einer grundlegenden Reform (wobei der Schwerpunkt hier auf Vereinfachung liegt) des Steuersystems mit zwei Kernpunkten. Zum einen eine erhöhte Belastung der Besserverdienenden, zum anderen die Erhöhung der Unternehmenssteuer. Beide Schritte würden in Richtung der von Politikern in letzter Zeit verstärkt geforderten sozialen Verantwortung von Unternehmen und die Rückkehr zu „alten Tugenden" gehen. (Süddeutsche Zeitung 2005/61/51/297: S.6)

Gesundheitssystem

Die immer weiter gehende Entwicklung hin zur Zwei-Klassen-Medizin erfordert auch im Bereich des Gesundheitssystems eine umfassende Reform. Hier wäre – zugegebener maßen als sehr radikaler Schritt – die Abschaffung der Privaten Krankenkassen möglich. Weniger radikal, aber in die gleiche Richtung gehend, wäre schon von andere Stelle geforderte Beteiligung der Privatversicherten an der Finanzierung durch die so genannten Bürgerversicherung. (www.medizin.de 2005)

Ein weiterer wichtiger Schritt wäre es, mehr Finanzmittel für die präventiven Behandlungen bereit zu stellen. Hier wird zur Zeit an der falschen Stelle gespart, was man gut am Beispiel der lokalen Aidshilfen erklären kann: Weniger Prävention bedeutet mehr Infektionen und damit eben auch eine deutlich höhere wirtschaftliche Belastung des Gesundheitssystem, dass allerdings neben der eventuell möglichen Verhinderung von Neu-Infektion bedeutend gering erscheinen mag. (www.jungewelt.de 2005) Wichtig wäre auch in diesem Zusammenhang eine erhöhte Beteiligung der Krankenkassen an nicht-medikamentösen Behandlungen wie Physio- und Ergotherapie, da auch diese eine deutliche geringere finanzielle Belastung des Gesundheitssystems bedeutet. (Deutscher Verband für Physiotherapie 2005)

Bildungssystem

Auch wenn die neue Regierung im Koalitionsvertrag feststellt: *„Bildung ist der Schlüssel für individuelle Lebenschancen und kulturelle Teilhabe, für Entwicklung und Innovation. Die Teilhabe aller an Bildung und Ausbildung ist die zwingende Voraussetzung dafür, dass keine Begabung ungenutzt bleibt. Dazu muss unser Bildungssystem insgesamt transparenter und durchlässiger sein und eine bessere individuelle Förderung gewährleisten.",* finden sich im Vertrag außer Ganztagsschulen und Bildungsberichten keine wirklich konkreten Vorschläge für den Bereich der Schulbildung.

Was den Bereich der universitären Ausbildung betrifft, findet sich dort: „

Hochschulen sind das Fundament unseres Wissenschaftssystems. Sie qualifizieren in wachsendem Umfang den Nachwuchs der Wissensgesellschaft. Ihre Forschungsergebnisse schaffen Grundlagen für Innovationen. Als Schnittstellen zwischen Bildung, Forschung und Innovation entscheiden sie maßgeblich über die Arbeitsplätze von morgen, über gesellschaftlichen Fortschritt und soziale Sicherheit. Autonomie, Exzellenz, Verantwortung, Freiheit und Wettbewerb sollen Leitbilder für das Hochschulwesen der Zukunft sein." Innovation, Wettbewerb und Exzellenz sind weitere Schlagwörter. Erkannt worden ist – zumindest auf dem Papier – die Notwendigkeit nach einer verstärkten Förderung im Bereich der Koalitionsvertrag CDU/CSU und SPD 2006: 32-37).

Konkrete Reformen im Bereich der grundständigen Bildung (d.h. Sekundarstufe I + II) müssten folgende Maßnahmen beinhalten: Ein „echtes" eingliedriges Schulsystem (nicht die deutsche „Gesamtschule"), ein Creditpointsystem für die erbrachten Leistungen und Schulabschlüsse nach der 11., 12., oder 13. Klasse (Ausbildung, Fachhochschule, Universität).

Arbeitsmarkt:

Ebenso dringend scheint die Reform des Arbeitsmarktes. Vorschläge hier währen z.B. die gesetzlich vorgeschrieben Verringerung der Arbeitszeit zur Arbeitsplatzschaffung ähnlich wie in Frankreich geschehen. (Ebel/Kühn 2003: 819-829).

Neuste Studien haben gezeigt, dass die Reformen „Hartz I – III", die den Umbau der Bundesagentur für Arbeit mit der Zielsetzung der erhöhten Vermittlung beinhalten, ihr Ziel verfehlt haben. Vor allem die Personal Service Agenturen (PSA) bekommen schlechte Note, da bei ihnen Arbeitssuchende im Durchschnitt 1 Monat länger arbeitslos sind als bei Arbeitssuchenden ohne diese Betreuung. (www.manager-magazin.de 2005)

Auch Hartz IV macht mehr Probleme als erwartet und kostet auch wesentlich mehr als erwartet.

Abbildung 2: Hartz IV Wunsch und Wirklichkeit. Quelle: www.manager-magazin.de

Ein weiterer Reformansatz wäre ein größerer Dienstleistungssektor, teilweise finanziert durch die öffentliche Hand. Eine Finanzierung dieses Sektors wäre durch eine schon oben angesprochene Erhöhung der Unternehmenssteuer möglich.

Umbau des Wohlfahrtsstaates:

Durch die oben beschriebenen Reformen wäre nun auch ein Umbau des Wohlfahrtsstaates möglich. Da mehr finanzielle Mittel zur Verfügung stehen, wäre eine verbesserte Finanzierung denkbar. Beim Gesundheitssystem sollte ein universalistischer Ansatz angestrebt werden. Bei der Altervorsorge muss, alleine schon Aufgrund des demografischen Wandels in der Bundesrepublik (www.destatis.de, 2005) ein Mischtyp aus Universalismus und Selbstverantwortung, wie er schon in Ansätzen vorhanden ist (www.wikipedia.de 2005), weiter verfolgt werden. Was die Arbeitslosenversicherung betrifft, muss ebenfalls auf einen Mischtyp aus Versicherung und Universalismus hingearbeitet werden.

5.0 Fazit

Die Fragestellung dieser Arbeit lautete: *Sind die bisherigen Modelle von Wohlfahrtsstaaten noch richtig, welche Alternativen sind für Wohlfahrtsstaaten im 21. Jahrhundert möglich und besonders: Welche Reformen und Ansätze sind für die Bundesrepublik Deutschland möglich?* Der erste Teil dieser Frage ist relativ schnell beantwortet. Esping-Andersens Modell ist nicht mehr richtig und auch als Modell (d.h. als vereinfachte Darstellung) nicht mehr vertretbar. Die Gründe hierfür sind auf zwei Faktoren runter zu brechen. Zum einen muss an dieser Stelle daran erinnert werden, das Esping-Andersen das Werk 1990 veröffentlichte. Die Sowjetunion und damit der gesamte „Ostblock" war gerade auseinander gebrochen bzw. war gerade dabei, die Globalisierung zeigte ihre ersten Züge und die ersten Folgen der Wirtschaftsschwächeren 1970er und 1980er Jahre zeigten sich. Kurzum, Esping-Andersens drei Welten waren plötzlich von einer Unmenge externe und interner Faktoren betroffen, die er selbst gar nicht an vorhersehen konnte und die selbstverständlich auch nicht in den analysierten Wohlfahrtsstaaten auftauchen konnten.

Der andere Grund liegt in der Entwicklung der letzten 15 Jahre. Die Globalisierung hat in den letzten Jahren kaum an Schwung verloren, der demografische Wandel in vielen europäischen Ländern hat eine Reform hin zu Mischtypen von Wohlfahrtsstaatsmodellen erforderlich gemacht, womit auch neue Typen sind entstanden sind. Hier ist vor allem der Typus des „Postautoritären Wohlfahrtsstaates" zu nennen (Lessenich 1997: 37ff.), der vorher nur als Mischtyp zu definieren war.

Die Antwort auf den zweiten Teil der Frage stell sich als weitaus schwieriger dar. Zunächst einmal: Alternativen sind nur dann möglich wenn sie realisierbare Handlungsalternativen zur aktuellen Handlung darstellen, wenn man also wählen kann. Wie gezeigt (siehe vor allem 4.1.3) ist ein europäischer Wohlfahrtsstaat zurzeit keine Alternative. Daher muss wie bereits erwähnt, der Fokus auf nationalstaatlichen Lösungen liegen. Hier spielen aber viele externe Faktoren (siehe 4.2) eine wichtige Rolle bei den Gestaltungsmöglichkeiten. Jean Ziegler[3] stellt zwar richtigerweise fest: „Die Globalisierung ist nicht böse. Der entfesselte, globalisierte Kapitalismus hat unglaubliche Reichtümer erschaffen." Und Weiter: „[...], dass die Ökonomie [...] kein Fluch, kein Tsunami ist. Sie ist von Menschen gemacht und kann von ihnen geändert werden." (Stern 49/2005: 58-64). Kurzum: Die externen Faktoren sind also veränderbar – allerdings nur auf globaler Ebene. Und genau hier liegt das wohlfahrtsstaatliche Dilemma. Lösungen auf nationaler Ebene sind nicht ausreichend genug und scheitern über kurz

---

[3] Jean Ziegler ist der Sonderberichterstatter der UN-Menschenrechtskommission

oder lang an den externen Faktoren. Globale oder zumindest europäische Lösungen lassen sich aufgrund von nationalstaatlich orientierter Nutzenmaximierung zurzeit nicht durchsetzen, und die Internalisierung der externen Probleme ist eben nur durch eine globale Zusammenarbeit bzw. eine verstärkte europäische Integration möglich. Wege aus dem Dilemma sind in Ansätzen vorhanden[4], jedoch noch weit von Realisierbarkeit entfernt. Diese hier aufzuzeigen war und ist nicht möglich.

Was die Reformmöglichkeiten in der BR Deutschland betrifft hat der Autor in Grundzügen die bisherigen Reformbemühungen beschrieben und weitere Schritte aufgezählt, welche von verschiedenen Seiten auch schon gefordert worden sind. Eine umfassende Reform der „Deutschland AG" ist – das ist Parteien und Interessenverbände übergreifend – nötig. In welche Richtung sich diese Bemühungen entwickeln werden, wird die Zukunft zeigen. Klar geworden ist jedoch eins: Die „perfekte" Lösung gibt es nicht, und so sehr man sich auch bei Nachbarländern umschaut, so muss eine Lösung immer an die Umstände „vor Ort" angepasst werden.

---

[4] Ein erster Schritt wäre eine grundlegende Reform der Vereinten Nationen / das in Kraft treten der Europäischen Verfassung

6.0 Literaturverzeichnis

Monographien:
Bundeszentrale für politische Bildung (Hrsg.): „ Vertrag von Nizza: Die EU der 25", Bonn, 2004 (Auszüge)
Landman, Todd: „Issues and Methods in Comparative Politics: An Introduction", Routledge: Taylor & Francis Group, London/New York, 2003 (2nd Edition)
Esping-Andersen, Gosta: „ The Three Worlds of Welfare Capitalism", Cambridge, Polity Press, 1990
Schmidt, Josef: „Wohlfahrtsstaaten im Vergleich: Soziale Sicherungssysteme in Europa: Organisation, Finanzierung, Leistungen und Probleme", Leske+Budrich, Opladen, 1996
Bundesministerium für Wirtschaft und Arbeit (Hrsg.): „Hartz IV – Menschen in Arbeit bringen", Berlin, 2004, S. 10
Aufsätze und Textauszüge:
CDU, CSU und SPD: „Gemeinsam für Deutschland – mit Mut und Menschlichkeit: Koalitionsvertrag zwischen CDU, CSU und SPD", Berlin, 2005 S.
Ebel, Jochen und Kühn, Berthold: „Reduzierung der Arbeitslosigkeit durch Verkürzung der Arbeitszeit" in: „Rosa-Luxemburg-Stiftung (Hrsg.): UTOPIE kreativ, Heft 155, 2003 S. 819-829
Lessenich, Stephan: „Wohlfahrtsstaat, Arbeitsmarkt und Sozialpolitik in Spanien", Leske+Budrich, Opladen, 1995 (Textauszüge S. 31 – 37, 54 – 58, 77-84)
Lundberg und Amark:" Die Entwicklung des schwedischen Sozialstaats im 20. Jahrhundert, in: Krausen/Geisen (Hrsg.): „Sozialstaat in Europa, Wiesbaden, 2001 (Textauszug S. 171 - 199
Scharf, Thomas: „Sozialpolitik in Großbritannien: Vom Armengesetz zum „Dritten Weg"", in: Krausen/Geisen (Hrsg.): „Sozialstaat in Europa, Westdeutscher Verlag, Wiesbaden, 2001 (Textauszug S. 43 – 62)
Schuon, Karl Theodor: „Politische Theorie des Demokratischen Sozialismus: Eine Einführung in die Grundelemente einer normativ-kritischen Theorie demokratischer Institutionen", Verlag unbekannt, Marburg, 1986, S. 12 – 15 u. S.26 -29 (Textauszüge)
Von Plate, Bernard: „Grundelemente der Globalisierung" in: Informationen zur politischen Bildung Nr. 263/1999 (Textauszug S. 3-7)
Nachschlagwerke:
Bundeszentrale für politische Bildung (Hrsg.): „Das Lexikon der Wirtschaft: Grundlegendes Wissen von A-Z", Bundeszentrale für politische Bildung (Lizenzausgabe) Bonn, 2004, (Schriftenreihen Band 414)
Nohlen, Dieter (Hrsg.): „Kleines Lexikon der Politik", C.H. Beck, München, 2001
Reinhold, Gerd (Hrsg.): „Soziologie Lexikon", R.Oldenbourg Verlag, München/Wien, 2000, 4. Auflage
Wissenschaftlicher Rat der Dudenredaktion: Wermke, Matthias, Kunkel-Razum, Kathrin, und Scholze-Schubenrecht, Werner (Hrsg.): „Duden Fremdwörterbuch", Dudenverlag Mannheim, Leipzig, Wien, Zürich, 2001, 7., neu bearbeitete und erweiterte Auflage
Zeitschriften und Zeitungen:
Stern Nr. 49/2005: „Während wir hier reden, wachsen ohne Unterlass Leichenberge:" S. 58 – 64
Süddeutsche Zeitung: „Alte Tugenden nicht vergessen" 61. Jahrgang, 51. Woche, 297 Ausgabe, 2005, S.6
Internetquellen:

Deutscher Verband für Physiotherapie: http://www.zvk-lvbw.de/Patienten/Physiotherapie
letzter Zugriff   4.1.2006 - 15:15 MEZ

http://www.jungewelt.de/2005/12-01/020.php letzter Zugriff 4.1.2006 - 15:12 MEZ

Online-Verwaltunglexikon: http://www.olev.de/b.htm letzter Zugriff 4.1.2006 - 11:37 MEZ

www.salzburg.com: http://www.salzburg.com/sn/nachrichten/artikel/1879770.html letzter
Zugriff 28.12.2005 - 16:40 MEZ

www.manager-magazin.de: http://www.manager-
magazin.de/unternehmen/artikel/0,2828,392314,00.html   letzter Zugriff 28.12.2005 – 18:22
MEZ

www.medizin.de: http://www.medizin.de/gesundheit/deutsch/1717.htm letzter Zugriff
4.1.2006 - 15:01 MEZ

www.destatis.de: http://www.destatis.de/basis/d/bevoe/bev_pyr4.php letzter Zugriff 2.1.2006
- 19:52 MEZ

http://de.wikipedia.org/wiki/Altersvorsorge letzter Zugriff 4.1.2006 15:18 MEZ

7.0 Tabellen und Abbildungsverzeichnis

Tabellen:

Abbildungen: